# LE SÉNÉGAL

### ET

# LES GUINÉES DE PONDICHÉRY

## NOTE

PRÉSENTÉE A LA COMMISSION SUPÉRIEURE DES COLONIES

par les négociants sénégalais

BORDEAUX

IMPRIMERIE G. GOUNOUILHOU

11, RUE GUIRAUDE, 11

1879

# LE SÉNÉGAL

## ET

# LES GUINÉES DE PONDICHÉRY

## NOTE

PRÉSENTÉE A LA COMMISSION SUPÉRIEURE DES COLONIES

par les négociants sénégalais

---

BORDEAUX

IMPRIMERIE G. GOUNOUILHOU

11, RUE GUIRAUDE, 11

1879

# LE SÉNÉGAL



ET

# LES GUINÉES DE PONDICHÉRY

---

La Commission supérieure des Colonies a été appelée par M. le Ministre de la Marine et des Colonies à donner son avis sur les réclamations formulées par les négociants du Sénégal et de Bordeaux dans la pétition qu'ils ont adressée aux Chambres contre le décret du 19 juillet 1877. M. le comte Rampon qui préside cette Commission a bien voulu permettre aux signataires de cette pétition de lui fournir quelques notes. C'est dans ce but qu'ils ont réuni diverses lettres et pétitions dont les originaux se trouvent dans les bureaux du Ministère de la marine, en les faisant précéder d'un exposé des faits.

---

Le décret du 19 juillet 1877, rendu à l'instigation et dans l'intérêt exclusif des actionnaires de la Société de filature et tissage mécanique de Pondichéry, est venu brusquement imposer une lourde charge à notre colonie du Sénégal et entraver le progrès de son commerce et de son agriculture. C'est une mesure d'exception, absolument contraire aux principes du régime douanier de nos colonies ; au point de vue économique, c'est une iniquité flagrante.

C'est pourquoi tous les Sénégalais n'ont cessé de protester, avant et depuis la promulgation de ce décret, et réclament avec instance le retour au droit commun. La pétition qu'ils ont adressée aux Chambres n'a pas d'autre but.

# I

### RÉGIME DOUANIER DU SÉNÉGAL

Au temps du pacte colonial, les tissus et autres objets manufacturés en France étaient seuls admis dans la colonie ; en dehors de quelques produits naturels, tels que le tabac en feuilles, le fer, le bois, l'ambre, le corail, les verroteries, etc., tous les articles de fabrication étrangère étaient prohibés : les ports de la colonie étaient interdits aux pavillons étrangers ; les produits des autres colonies françaises n'y pouvaient être importés qu'après avoir passé par un des entrepôts de France. Par contre, la gomme, les peaux brutes, les graines oléagineuses et autres produits de la colonie jouissaient d'un traitement de faveur sur le marché français ; les produits similaires des colonies étrangères étaient frappés de droits d'entrée élevés.

Vers l'année 1860, le gouvernement français, cédant aux conseils des économistes, jugea que le stimulant de la concurrence et la liberté seraient plus propres à développer le commerce et l'industrie que le système de protection et de monopole suivi jusqu'alors. Il conclut avec l'Angleterre le traité de 1860, basé sur l'abandon des prohibitions et sur l'abaissement général des tarifs douaniers ; les |consommateurs des deux pays furent ainsi appelés à profiter des avantages résultant des meilleures conditions auxquelles chacun d'eux produit certains articles. Ce traité fut bientôt suivi de conventions semblables avec les autres nations de l'Europe.

C'était toute une révolution dans le régime économique et douanier de la France, et toutes les lois relatives à nos rapports avec les autres nations et avec nos colonies, à notre commerce extérieur et à la marine marchande, durent être modifiées pour être mises en harmonie avec ces traités. Il était indispensable, pour permettre à nos industriels de soutenir la concurrence avec laquelle on les mettait aux prises, de leur donner les moyens de se procurer aux mêmes conditions que les industriels étrangers l'outillage, le combustible, les matières premières et les transports.

Toutes les matières premières nécessaires à l'industrie furent admises en France en franchise de tous droits, sans distinction de provenance et par tous pavillons.

Nos colonies, livrées à leurs propres forces, se trouvèrent sur le marché français en concurrence avec les colonies étrangères pour la vente de leurs produits, et sur un pied d'égalité complète. Il n'était que juste de les placer dans les mêmes conditions que leurs concurrents pour l'achat, la vente et le transport de ces produits.

C'est pourquoi le décret du 24 décembre 1864 accorda au Sénégal la faculté de recevoir les marchandises nécessaires à son commerce directement, de tous pays et par tous pavillons. En conséquence, tout droit différentiel fut aboli, et un droit de douane *purement fiscal* fut établi pour fournir les ressources nécessaires à l'administration de la colonie.

Dans le premier arrondissement, qui comprend Saint-Louis et le fleuve du Sénégal, ce droit est prélevé, à raison de 5 0/0, *ad valorem,* sur toutes les marchandises importées: il a été élevé, depuis peu, à 10 et 15 0/0 sur divers articles.

Dans le deuxième arrondissement, comprenant Gorée et les divers comptoirs disséminés dans les rivières et sur une côte de 200 lieues d'étendue, accessible presque partout, l'établissement d'une ligne de douaniers est impossible, et entraînerait d'ailleurs des frais hors de proportion avec les sommes à percevoir. C'est pourquoi on y a remplacé le droit d'entrée par un droit de 5 0/0 sur la valeur des produits exportés.

Ce *double* régime, commandé par la situation géographique de la colonie, fonctionnait régulièrement, sans gêne pour les transactions, sans difficultés, et sans frais excessifs pour l'Administration. Tout à coup, et sans motifs autres que des suggestions intéressées, il a été bouleversé dans les circonstances qui vont être indiquées ci-après.

## II

### DU ROLE DE LA GUINÉE AU SÉNÉGAL

Les tissus de coton destinés au vêtement des indigènes représentent une proportion importante des marchandises importées au Sénégal.

Parmi ces tissus de coton figure une toile teinte en bleu d'indigo, pliée par coupes de 15 mètres, connue sous le nom de *guinée,* sans doute parce qu'autrefois une pièce de cette toile représentait la valeur de la monnaie d'or anglaise du même nom.

La pièce de guinée de 15 mètres, régulièrement

importée dans la colonie depuis son retour à la France en 1846, devint l'unité de valeur, la monnaie employée dans notre commerce de troque avec les Maures nomades qui habitent la partie du Sahara située sur la rive droite du Sénégal, et aussi dans leurs rapports avec les peuplades de l'intérieur de l'Afrique. Un esclave, un bœuf, un cheval valaient tant de pièces de guinées. La gomme, le mil, les arachides s'échangeaient à tant de kilogrammes contre une pièce de guinée. Cependant il ne faut pas croire que la pièce de guinée ait jamais représenté une valeur fixe, invariable ; de tout temps, il y a eu des qualités diverses, que l'on désignait sous les noms de filature, oréapaléons, conjons, salem, etc., et dont les naturels discutaient la valeur relative avant de les accepter. Aujourd'hui encore, la pièce de guinée a cours dans tout le fleuve ; mais toutes les qualités et toutes les provenances y sont acceptées, à des prix différents. La pièce de filature de l'Inde ou de Belgique s'échange à raison de 15 kilos de gomme, tandis que la pièce de conjon de l'Inde ou de petite guinée anglaise ne vaut que 12 kilos de gomme.

Chez les noirs de la rive gauche du Sénégal, dans le Cayor et dans les comptoirs de la baie de Gorée, dans la rivière anglaise de Gambie, les produits du pays *(arachides, mil, peaux, etc.)* se vendent contre argent ; la monnaie en usage est la pièce de 5 francs ou gourde française ; et, même dans les autres comptoirs du deuxième arrondissement, où l'on procède encore par voie d'échange direct, le prix des produits et des marchandises échangées est ramené à leur valeur en argent.

Ces différences dans la manière de procéder ont leur raison d'être. Le noir qui habite dans le voisinage de nos comptoirs, préfère recevoir des écus contre ses produits, parce qu'ils sont plus faciles à transporter et à conserver, et qu'il peut venir à tout instant dans nos boutiques se procurer les objets dont il a besoin. Le Maure est sans contredit plus intelligent que le noir; et il apprécie parfaitement les avantages de la monnaie. Il exige des écus tant qu'il commerce entre Gorée et Saint-Louis; — mais lorsqu'après la récolte, il retourne dans le désert, et s'éloigne avec ses troupeaux des rives du fleuve inondées par les pluies de l'hivernage, il ne peut emporter son argent, qui n'a pas cours dans le Sahara; il l'échange alors contre des pièces de guinées, qu'il trouvera toujours à échanger avec les peuplades de l'intérieur contre du bétail ou des denrées alimentaires. C'est ainsi qu'en France les billets de banque circulent avec la plus grande facilité dans les grandes villes, tandis qu'ils sont refusés par les paysans qui ne sont pas certains de pouvoir à tout instant s'en procurer la contre-valeur en espèces.

## III

### PROVENANCE DES GUINÉES

Autrefois toutes les guinées importées au Sénégal venaient de Pondichéry après avoir passé par un des entrepôts de France.

Le coton de l'Inde, court, jaune, chargé de paille et de corps étrangers, n'était pas estimé en Europe où l'on travaillait exclusivement les cotons blancs, fins, à longue soie d'Amérique. — Aussi était-il filé à la main sur place. Les tisserands indiens en faisaient une guinée de grain gros, irrégulier, mais dont la belle teinture bleu cuivré et le bas prix défiaient toute concurrence.

En 1864 survint la guerre d'Amérique. La famine du coton stimulant les industriels, on parvint à dégager le coton de l'Inde de ses impuretés, à le rendre plus souple et à l'utiliser en le mélangeant dans certaines proportions avec les longues soies de Géorgie, d'Égypte et du Brésil. — Dès lors les marchés de l'Inde suivirent le cours de Liverpool et du Havre, et le prix de la guinée atteignit des prix élevés. — La Société qui exploitait à cette époque l'établissement de filature et tissage de Pondichéry, se laissa entraîner par la fièvre de spéculation qui régnait alors et porta le prix de ses guinées jusqu'au double de leur valeur. Elle réalisait d'énormes bénéfices.

Les négociants sénégalais, voulant se soustraire aux abus du monopole, firent fabriquer des guinées à Rouen, puis en Belgique et en Angleterre. Grâce aux métiers mécaniques et aux secrets de la chimie, les industriels européens arrivèrent en peu d'années à produire des guinées beaucoup plus belles et moins chères que celles de l'Inde. La pièce de 15 mètres de Pondichéry, pesant 2 kilos, valait 12 fr. — Rouen et Gand firent au prix de 9 fr. des pièces de 15 mètres de qualité supérieure à celle de l'Inde quoique pesant seulement 1 kil. 650; — Manchester produisit à 7 fr., puis à 6 fr., des pièces également de 15 mètres pesant 1 kil. 400, de belle apparence et de qualité suffisante pour les consommateurs pauvres.

Aujourd'hui les guinées importées au Sénégal sont fournies dans la proportion d'un tiers à peu près pour chaque provenance, par l'Inde, la Belgique et l'Angleterre. Les Rouennais, satisfaits de l'exploitation du marché intérieur, se désintéressent de plus en plus des articles d'exportation : depuis une dizaine d'années, ils ont à peu près abandonné la Guinée.

## IV

### ORIGINE DE LA PROTECTION DES GUINÉES DE L'INDE

Le monopole dont Pondichéry a joui de fait pendant quarante ans a été renversé par sa faute d'abord, puis par le progrès et la liberté, dont les directeurs de la Société privilégiée n'avaient pas su écouter les leçons.

Agissant en vrais nababs, ils s'étaient endormis dans l'illusion d'une prospérité sans terme; ils avaient distribué aux actionnaires, sans souci de l'avenir, la totalité des bénéfices; pendant bien des années les dividendes n'avaient pas été au-dessous de 25, 30 et même 50 0/0 de la valeur des actions. Et lorsqu'on s'aperçut que l'outillage était usé, démodé, hors d'état de produire dans les mêmes conditions que les fabriques d'Europe et de l'Inde anglaise, il ne se trouva en caisse aucune réserve pour faire face à de si grosses dépenses. — Les actionnaires ne voulant pas fournir un nouveau capital, la Société fut dissoute et l'établissement vendu aux enchères. MM. Amalric et C$^{ie}$, une maison indigène de Pondichéry, et MM. Chaumel-Durin et C$^{ie}$, de Bordeaux, s'en rendirent adjudicataires.

Cette nouvelle Société, après avoir fait de légères modifications aux machines, essaya de reprendre la fabrication. Mais l'ancien type de 2 kilos les 15 mètres, le seul qu'elle pût produire, ne pouvant supporter la comparaison avec les guinées d'Europe et n'étant plus accepté par les consommateurs sénégalais, un jour vint, en 1873, où plus de 4,000 balles se trouvèrent accumulées dans l'entrepôt de Bordeaux sans trouver acheteur. Ce ne fut qu'au prix d'un lourd sacrifice, et grâce à la bonne volonté de tous les négociants sénégalais, que l'on réussit à trouver leur écoulement sur le marché du Sénégal.

Après une si rude leçon, il n'y avait qu'à s'arrêter ou à s'approprier les progrès accomplis en Europe. La Société s'adressa au gouvernement et lui exposa qu'il y avait un intérêt public à maintenir l'industrie de la filature, du tissage, de la teinture qui est la principale occupation des habitants de Pondichéry et qui fait vivre plus de 2,000 ouvriers. Elle obtint, pendant trois ans, une subvention annuelle de 100,000 fr., soit 300,000 fr., à l'aide desquels elle fit venir de France et d'Angleterre les machines les plus perfectionnées.

Mais le progrès ne s'arrête pas; et l'aiguillon de la concurrence oblige les industriels à le suivre pas à pas; les filateurs de Pondichéry, sentant bien qu'ils ne tarderaient pas à être distancés de nouveau, s'ils s'immobilisaient encore, voulurent s'assurer cette douce quiétude que procure la protection.

Ils sollicitèrent du Gouvernement le privilège d'approvisionner la colonie du Sénégal, et il se trouva des ministres assez complaisants pour écouter des prétentions aussi contraires au bon sens et à la justice qu'aux principes qui dominent depuis 1860 notre législation coloniale.

Une enquête fut ouverte, mais une de ces enquêtes administratives qui préjugent les questions et ne s'adressent qu'à ceux dont on espère l'approbation. — Est-il possible en effet de voir un désir sérieux d'information dans le questionnaire ci-après, rédigé par le Ministère de la marine et des colonies, pour être soumis à la Chambre de commerce du Sénégal :

« **Quelles sont les causes de la décroissance dans l'importation des guinées de l'Inde et l'extension du commerce des guinées étrangères?**

» **Quelles sont les causes du remplacement des guinées par l'argent comme monnaie de traite et quels effets ont-elles produits ?**

» **Par quels moyens pourrait-on rétablir l'emploi des guinées comme monnaie de traite?**

» **Quelle a été l'influence du régime du décret de 1864 sur la marine marchande**[1]**? »**

Les trois premières de ces questions reposent sur deux affirmations : la première, c'est que l'argent tend à remplacer la guinée comme monnaie de traite. — La seconde, c'est qu'il y a intérêt à réagir contre cette tendance.

Or, d'une part il n'est pas exact que l'argent soit employé dans la *traite de la gomme*, et d'autre part il n'est nullement démontré que l'échange direct de la gomme contre guinées ou autres marchandises soit plus favorable à la facilité et à la moralité des transactions que l'emploi de la monnaie d'argent. Nous avons indiqué plus haut les causes qui font préférer l'un ou l'autre système.

La Chambre de commerce de Saint-Louis, saisie à l'improviste de ce questionnaire, adopta sans examen les réponses que lui proposait son vice-président, M. Gaspard Devès, qui était seul en situation d'en connaître le but et

______

[1] V. Pièce nº 1.

la portée. En effet M. Gaspard Devès est à Saint-Louis le correspondant intéressé de la maison Chaumel-Durin et C^ie de Bordeaux, l'un des trois propriétaires de la filature de Pondichéry (1).

Quoiqu'il ne demande pas ouvertement la protection en faveur des guinées de l'Inde, et se borne à proposer un droit prohibitif contre les 'guinées *de toute provenance* même française qui n'atteindraient pas un poids déterminé, soit 1 kil. 750 pour 15 mètres, il insinue tout doucement que le but poursuivi est de favoriser le commerce du Sénégal et *aussi l'industrie française de l'Inde.* Dans un passage, il déclare que *le droit ne doit pas être supérieur à celui établi en France pour les mêmes articles, c'est-à-dire 15 0/0;* — et dans un autre, il demande qu'il soit fixé *à 20 centimes* par mètre, ce qui, pour la guinée anglaise, équivaut à 50 0/0. Ce travail, dénoncé par ceux-mêmes qui l'avaient signé, ne tarda pas à être réfuté par les négociants sénégalais établis à Bordeaux (2).

Et la Chambre de commerce de Saint-Louis, se séparant complètement de M. Gaspard Devès, devenu son président, se prononçait dans une délibération prise à l'unanimité le 6 décembre 1876, contre toute entrave à l'importation des divers types de guinée, et contre tout privilège en faveur de tels ou tels fabricants (3).

La Chambre de commerce de Bordeaux, consultée sur l'opportunité de l'établissement d'un droit d'entrée au Sénégal sur les guinées de fabrication étrangère, répondait le 7 novembre 1876 :

« **En principe, la Chambre ne peut demander pour un**

(1) V. Pièce n° 2.
(2) V. Pièce n° 3.
(3) V. Pièce n° 4.

article seul, tel que la guinée, un régime spécial, qui pour cette exception seulement, assimilerait les colonies à la mère patrie. Sous ce rapport elle a délibéré que le régime actuel devait être maintenu pour les guinées [1]. »

Les autres Chambres de commerce de France se prononcèrent dans le même sens, sauf celle de Rouen qui croyait les industriels normands appelés à profiter de la même protection que l'Inde. La lecture du décret du 19 juillet 1877 n'a pas tardé à faire disparaître cette illusion.

Au Conseil supérieur du commerce, le député du Sénégal, M. Lafont de Fontgoffier, déclara nettement s'opposer à une modification du régime douanier de la colonie qui n'aurait pour but que de favoriser un intérêt étranger. Le Ministre des finances, dans un travail très remarquable, fit ressortir, au point de vue de la science économique et de la liberté commerciale, l'injustice de la mesure proposée. — Le Ministre du commerce s'y opposait également.

Mais les ministres changent. Le Sénégal, privé de son représentant après la proclamation de la République, se trouva sans défense exposé aux convoitises des filateurs de Pondichéry ; le député et le sénateur que la colonie de l'Inde avait eu la bonne fortune de conserver, surent profiter de l'interrègne parlementaire du 16 Mai pour enlever la solution, et l'accentuèrent dans le sens de la protection exclusive en faveur de la Société de Pondichéry.

Les négociants sénégalais établis à Bordeaux, avertis de ce qui se passait, déléguèrent deux d'entre eux auprès

---

[1] V. Pièce n° 10.

du Ministre de la marine, pour le prier au moins de ne pas sacrifier le Sénégal sans entendre ceux qui avaient des intérêts considérables engagés dans le commerce de cette colonie.

L'amiral Gicquel Destouches parut très frappé des considérations qui furent développées devant lui, en présence de M. Michaux, directeur des colonies. Il déclara que les choses étaient trop avancées pour qu'il pût proposer à ses collègues des finances et du commerce de reprendre l'étude de la question de principe, mais qu'il prenait sur lui d'examiner de plus près la quotité du droit à imposer aux guinées étrangères introduites au Sénégal. — Il reconnut que le taux proposé de 0,20 c. par mètre, soit 3 francs par pièce était exagéré, puisqu'il représentait 33 0/0 de la valeur de la guinée belge et près de 50 0/0 de la valeur de la guinée anglaise; le droit protecteur de 15 0/0 établi sur les tissus étrangers entrant en France fut pris pour base.

Le 19 juillet 1877, le Président de la République rendit un décret qui frappe les guinées importées au Sénégal, fabriquées ailleurs qu'en France ou dans les établissements français de l'Inde, d'un droit *supplémentaire* de 8 centimes par mètre, sans préjudice du droit ordinaire de 4 centimes par mètre représentant le droit de 5 0/0 *ad valorem* établi sur toutes les marchandises; ce qui fait en tout 0 fr. 12 c. par mètre ou 1 fr. 80 par pièce de 15 mètres : soit sur une pièce de guinée anglaise valant 6 fr., 30 0/0.

Ce décret, à peine rendu, souleva les plus vives protestations du commerce sénégalais. Une pétition fut adressée au gouverneur du Sénégal par tous les négociants et marchands de Saint-Louis (tous, excepté un seul : M. Gaspard Devès, correspondant de MM. Chaumel-Durin et C$^{ie}$, de Bordeaux, l'un des propriétaires de la filature de Pondichéry), pour faire ressortir l'injustice de la mesure qui venait d'être prise et le bouleversement qu'elle allait causer dans les affaires de la colonie; depuis ils n'ont manqué aucune occasion de renouveler leurs plaintes [1].

.Dans les .réunions préparatoires des élections qui viennent d'avoir lieu, cette question est celle qui a été posée en première ligne aux divers candidats. M. Crespin, patronné ouvertement par M. G. Devès, est le seul qui se soit prononcé pour le maintien du monopole; l'échec éclatant qu'il a subi prouve bien que la population ne partage pas ses vues sur ce point important.

La conséquence directe, immédiate du privilège accordé à la guinée de l'Inde, celle que l'on poursuivait d'ailleurs, fut le renchérissement artificiel des guinées de Belgique et d'Angleterre sur le marché de Saint-Louis; ce qui permet aux heureux filateurs de Pondichéry de vendre leurs guinées 1 fr. 20 par pièce de plus que leur valeur réelle par rapport à celles d'Europe.

Sur 2,000 balles environ qu'ils importent annuellement à Saint-Louis, c'est une redevance de 240,000 fr. que le gouvernement leur permet de prélever sur le commerce de la colonie. C'est un impôt, un impôt excessif, perçu au profit d'un particulier.

Le décret devait, en outre, avoir pour conséquence d'éloigner de Saint-Louis les acheteurs de guinée, et de les faire affluer dans les comptoirs du deuxième arron-

[1] V. Pièces n$^{os}$ 5, 6, 7, 8, 9 et 12.

dissement, où il n'était perçu aucun droit d'entrée, et dans les comptoirs anglais de la rivière de Gambie.

Le fait ne tarda pas à se produire : dès que les noirs s'aperçurent que l'on vendait la guinée à Rufisque deux francs de moins qu'à Saint-Louis, ils cessèrent de l'acheter dans cette ville. Les Maures, qui viennent dans le Cayor pendant la récolte avec leurs chameaux, ânes et bœufs porteurs, pour transporter les arachides des champs aux comptoirs où elles se vendent, retiennent pour rémunération de leurs services une partie convenue du prix des ventes. A la fin de la récolte, et avant de retourner dans le Sahara, ils convertissent l'argent ainsi amassé en pièces de guinée. Or, jusqu'en 1877, ils avaient l'habitude de passer par Saint-Louis pour y faire cet échange de monnaies. Mais en présence de l'élévation factice des prix de la guinée, ils se sont ravisés, et font leurs approvisionnements à Rufisque.

Ce déplacement d'affaires raviva les plaintes du petit commerce de Saint-Louis. La suppression du décret de 1877 eût remis les choses dans leur état normal. Mais l'intérêt des filateurs de l'Inde l'emporta sur celui de la colonie et l'on n'hésita pas, pour leur conserver le revenu facile qu'on leur avait créé, à bouleverser le régime douanier du Sénégal.

Un décret du 19 janvier 1879 décida que les droits d'importation établis jusqu'ici à Saint-Louis seulement seraient perçus désormais dans la partie du deuxième arrondissement comprise entre Gorée et la rivière de Gambie. — Il n'était rien dit quant aux droits d'exportation sur les produits : de sorte que l'administration des Douanes du Sénégal, prenant le décret au pied de la lettre, fit percevoir à la fois les deux droits. Hâtons-nous de dire qu'une simple réclamation auprès de M. le Ministre de la marine a suffi pour faire disparaître cette anomalie.

Soixante douaniers ont été envoyés sur la côte, et l'on reconnaît qu'il en faudrait dix et vingt fois plus pour exercer une surveillance efficace ; il faudrait bâtir des postes et organiser un service de ravitaillement pour les entretenir ; la dépense absorberait des sommes de beaucoup supérieures aux recettes. Il faudra donc forcément revenir au système si simple, si économique du droit de sortie basé sur les énonciations des connaissements de chaque navire expédié pour l'Europe ; d'autant plus que le déplacement d'affaires signalé à Saint-Louis ne tarderait pas à se produire en faveur de la colonie anglaise de Gambie.

## CONCLUSION

Nous n'avons pas à considérer si l'établissement de filature et tissage mécanique de MM. Amalric et Chaumel-Durin constitue à Pondichéry une institution d'utilité publique, et si notre colonie de l'Inde tout entière, intéressée à sa prospérité, manque des ressources nécessaires pour la subventionner. Nous serions bien loin de trouver mauvais que la mère-patrie vînt à son aide, soit par une subvention directe, soit par l'abandon d'une partie du lac de roupies que l'Inde anglaise lui paie en échange de sa renonciation au commerce de l'opium. Mais nous ne craignons pas de dire que cette manière de lui accorder un secours sous une forme déguisée, et, pour ainsi dire, subrepticement, aux frais d'une autre colonie, blesse à la fois la justice et la dignité même de notre pays.

On l'a si bien senti, que l'on a éprouvé le besoin de trouver, pour appuyer le décret de juillet 1877, des motifs tirés de l'intérêt même du Sénégal, de la moralité du commerce, etc. Mais il est facile de démontrer que ce ne sont là que des prétextes sans valeur.

1^re^ OBJECTION. — *On dit que le décret a été rendu sur la demande du commerce ou des traitants sénégalais. M. le Gouverneur l'a affirmé.*

Nous répondons sans hésiter que M. Brière de l'Isle, nouveau venu dans la colonie, s'est laissé égarer par des renseignements intéressés. Les protestations unanimes qui lui ont été adressées ont dû depuis lui faire reconnaître son erreur. Il faudrait d'ailleurs supposer les Sénégalais bien ignorants ou peu soucieux de leurs intérêts, pour croire qu'ils demandent à être gênés dans leurs transactions et à subir un monopole et un surcroît d'impôts, dans le seul but d'augmenter les profits d'un fabricant et d'écarter ceux qui peuvent leur fournir à meilleur compte les objets dont ils ont besoin.

2^e^ OBJECTION. — *La pièce de guinée sert de monnaie dans nos transactions avec les Maures, dit encore le gouverneur Brière de l'Isle, et il importe à la moralité du commerce que le type n'en puisse pas être altéré.*

Si tel était réellement le but poursuivi, il fallait prohiber l'importation de toute pièce de guinée ne remplissant pas certaines conditions, non seulement de longueur et de poids, mais aussi de qualité, de finesse, de teinture, etc. Il fallait déposer une pièce étalon, un type auquel les fabricants auraient été tenus de se conformer. Au lieu de cela, on permet comme par le passé l'introduction de pièces de guinées de tous poids, de toutes qualités et même de toutes longueurs, pourvu qu'elles acquittent le droit supplémentaire dont les guinées de l'Inde sont seules exemptées. Les guinées belges de 2 kilos, de 1 kil. 800, qui sont bien supérieures à celles de Pondichéry, sont assujetties à ce droit supplémentaire. Les guinées de Rouen de 1 kil. 500 à 1 kil. 650 sont plus belles que celles de l'Inde du poids de 1 kil. 800, et pourtant elles acquittent aussi le droit supplémentaire.

L'importation des petites guinées anglaises de 1 kil. 400 n'a pas diminué ; elle a même augmenté, tant à cause du renchérissement artificiel des qualités supérieures, qu'à raison des perfectionnements qui ont été apportés à leur fabrication. C'est d'ailleurs, quoi qu'on ait pu dire, une marchandise loyale qui convient et qui suffit aux consommateurs peu fortunés.

Enfin, il nous vient de Pondichéry des guinées de qualité inférieure, d'un tissu grossier, d'un bleu pâle, qui se vendent à Bordeaux 1 fr. et 1 fr. 25 de moins que la qualité courante, mais qui atteignent le poids réglementaire, et partant sont revêtues de l'estampille de la Douane qui leur assure l'immunité du droit supplémentaire, — et d'autres qui, quoique aussi belles que celles de l'établissement privilégié, se vendent au rabais parce qu'elles n'ont pu obtenir l'estampille, soit à cause d'une insuffisance de poids, soit parce que les tisserands natifs qui les ont fabriqués n'ont pu produire le certificat d'origine des fils employés.

Le décret de 1877 est donc bien loin d'avoir donné à la pièce de guinée le caractère d'unité de monnaie repré-

sentant une valeur fixe, invariable et garantie par l'État,
comme la monnaie d'or et d'argent. Et dès lors, en quoi
a-t-il contribué à régulariser les échanges et à moraliser
le commerce?

3⁰ OBJECTION. — *On fait sonner bien haut que MM. les
filateurs de l'Inde n'ont pas abusé de la situation qui leur
a été faite, et n'ont pas élevé le prix de leurs guinées.*

Il est vrai qu'ils ne l'ont pas élevé; mais pour être tout
à fait dans la vérité, il est nécessaire d'ajouter qu'ils l'ont
maintenu à 9 fr. 25 la pièce, tandis que la baisse du
coton et de l'indigo, et les progrès de l'industrie, ont
permis aux fabricants belges de réduire leurs prix de
9 fr. 15 à 8 fr. 25, et aux anglais de descendre de 7 fr.
jusqu'à 5 fr. 75. N'est-il pas évident que sans la protection édictée par le décret, les Indiens auraient été obligés
de suivre le mouvement, et ne pourraient pas vendre
aujourd'hui leurs guinées plus de 8 fr.? Il ne faut donc
pas leur faire un mérite de leur modération.

4⁰ OBJECTION. — *Mais, nous dit-on encore, pourquoi les
négociants sénégalais se préoccupent-ils tant du prix auquel
ils achètent la guinée? Les Maures ne peuvent se les
procurer ailleurs que chez nous; qui empêche de les leur
faire payer le prix que l'on veut? Ce ne sont pas des
Français. Et puis ils ne consomment pas eux-mêmes la plus
grande partie de ces guinées, mais vont les échanger avec
les peuplades de l'intérieur de l'Afrique; et c'est au profit
de ces sauvages, avec lesquels nous n'avons aucun rapport
direct, que nous irions sacrifier les intérêts des industriels*

*français! Car, après tout, le Sénégal n'est pas une colonie;
ce n'est qu'un comptoir.*

Toutes les mesures oppressives, dont le Sénégal a été
victime depuis trente ans, se sont toujours appuyées sur
cette phrase toute faite qui tient lieu de raisons : *Le
Sénégal n'est qu'un comptoir.* — En 1864 les colonies des
Antilles, de la Réunion, de l'Inde, obtinrent le droit de
voter l'impôt et d'en régler l'emploi: le Sénégal fut exclu
de ces concessions libérales, et resta livré au pouvoir
absolu des gouverneurs militaires, investis, par le décret
du 31 janvier 1867, du droit d'établir de nouveaux
impôts et d'en ordonner le recouvrement immédiat, sauf
approbation ultérieure du Ministre de la marine. — *Le
Sénégal n'est qu'un comptoir,* dit-on à l'Assemblée nationale en 1875, et, sans plus de motifs, on le priva de
toute représentation au Parlement. — Grâce à l'appui
dévoué et constant des honorables représentants de la
Réunion et des Antilles, il vient d'obtenir enfin la création
d'un Conseil général élu; et il n'a fallu rien moins que
l'initiative et l'autorité de l'amiral Jauréguiberry, son
ancien gouverneur, pour lui faire restituer le droit de
nommer un député.

Le Sénégal *n'était qu'un comptoir* en effet, à l'époque
où ses ports servaient d'entrepôt pour ce trafic barbare
qui dépeuplait l'Afrique au profit des îles et du continent
américain. Mais depuis que l'agriculture seule alimente
son commerce, le Sénégal est devenu *une colonie* et
deviendra la plus grande de nos colonies. Pour cultiver le
sol il n'est pas besoin d'y importer des esclaves ou des
Chinois; le travail libre accroît chaque année le bien-être
des populations; le commerce sait à point combler par

ses importations les déficits de leurs récoltes et les mettre à l'abri de ces famines terribles qui autrefois les décimaient périodiquement. La production de la gomme, dont Saint-Louis a le monopole, est demeurée stationnaire. Mais la culture de l'arachide, qui n'a été entreprise qu'en 1844, a pris une extension rapide aussi bien sur les bords du fleuve le Sénégal, que sur les rivières et sur la côte dépendant de Gorée. Les mêmes hommes qui sont à la tête des grandes maisons de commerce du Sénégal ont vu quelques petits navires de cent tonneaux suffire au trafic de toute la côte comprise entre Gorée et Sierra-Leone; ce pays alimente aujourd'hui plus de quatre cents navires de quatre cents à mille tonneaux, dont les dix-neuf vingtièmes partent des ports de France et y rapportent leurs cargaisons.

Le commerce a le plus grand intérêt à développer encore ce prodigieux accroissement de production; et il y travaille sans cesse, en s'efforçant d'utiliser les progrès de l'industrie et de la navigation pour abaisser le prix des objets qu'il procure aux indigènes en échange de leurs produits.

En tous pays la valeur des produits du sol est proportionnée aux frais qu'ils doivent supporter pour arriver au consommateur, et lorsque ces frais arrivent à dépasser la valeur des produits, toute culture s'arrête. Dans les pays dépourvus de voies de communication comme le Sénégal, le commerce se porte sur les bords des fleuves et au voisinage des ports maritimes. Le pays est exploité autour des comptoirs, dans une zone dont l'étendue peut être déterminée, pour ainsi dire, mathématiquement. — Ainsi, si le transport d'une charge de 100 kilos d'arachides, du champ au port d'embarquement, coûte, pour une journée de marche, le cinquième de la valeur de ce produit, il est évident qu'au delà d'une distance de cinq journées de marche, l'indigène ne peut plus trouver de bénéfice à cette culture, et doit se borner à demander à la terre les denrées qui se consomment sur place.

Le renchérissement artificiel des marchandises formant la contre-valeur des produits du sol est donc l'entrave la plus sérieuse au développement de la prospérité de notre colonie.

Les Maures qui habitent la rive droite du Sénégal, les noirs qui font produire à la terre l'aliment de notre commerce dans le pays de Galam, le Fouta, le Oualo, le Cayor, le Baol, dans les rivières de Saloum, de Cazamance, de Rio-Nunez, de Rio-Pongo, de Mellacorée, ne sont pas encore Français, il est vrai, mais ils se plient peu à peu à nos usages, à nos mesures d'ordre public, à nos lois ; ces peuples divers, qui gravitent autour de nous, forment notre colonie sénégalaise : ils lui donnent son caractère original, en même temps qu'ils font sa force, et assurent sa vitalité et son avenir. Ils portent de proche en proche nos marchandises et notre nom, et quelques-unes de nos idées jusqu'au cœur même du continent africain. C'est par eux que nous ferons la conquête pacifique de cette immense contrée. Nous avons donc le plus grand intérêt à voir ces précieux auxiliaires trouver dans leurs relations avec nous une source de richesse et de satisfactions morales.

Que sous prétexte qu'ils ne commercent qu'avec nous, nos traitants trouvent tout naturel de les pressurer à merci ; qu'ils sollicitent l'appui de l'administration pour supprimer toute concurrence et s'assurer l'exploitation facile et lucrative du monopole des guinées ; l'insuffisance de leur instruction excuse ces prétentions naïves et ces vues étroites. Mais on s'expliquerait plus difficilement que le gouvernement de la France cédât à de pareilles suggestions, dans le seul but d'assurer de plus gros profits à quelques fabricants de Pondichéry ou de Rouen.

5e OBJECTION. — *Enfin est-il bien démontré que la prospérité de notre colonie de l'Inde soit subordonnée à celle de la Société de filature et tissage mécanique, et que cette dernière ne puisse se passer de la redevance qu'elle prélève de par le décret du 19 juillet 1877 sur le commerce du Sénégal?*

Ce qui nous porte à penser le contraire, c'est l'offre qui est faite journellement à Bordeaux de guinées fabriquées à Pondichéry, non revêtues de l'estampille de la Douane, au prix de 8 fr. et même au-dessous. Il ne nous appartient pas de rechercher si l'obligation, imposée aux natifs de Pondichéry, de produire, pour obtenir l'estampille de la Douane, des certificats d'origine des fils employés dans la fabrication de leurs guinées, ne constitue pas une aggravation du privilége de la Société de filature et tissage mécanique, et n'aura pas pour conséquence de faire disparaître ses concurrents, et de ruiner dans notre possession indienne l'industrie libre du tissage et de la teinture. Mais il est permis de se demander si cette réglementation compliquée aboutissant à la création d'un monopole est conforme aux intérêts bien entendus de cette colonie.

D'autre part, nous croyons savoir que la crainte de perdre prochainement son monopole a donné à la Société privilégiée l'idée d'acquérir certaines machines perfectionnées qui ont figuré à l'Exposition de 1878, et qu'elle compte arriver sous peu à produire sa guinée dans des conditions qui lui permettront de la vendre à 8 fr. au lieu de 9 fr. 25, tout en faisant le même bénéfice.

C'est là le but qu'il fallait se proposer : or, c'est la concurrence et non la protection qui l'aura fait atteindre.

----

Dans tous les cas, le Sénégal ne peut rester sous la dépendance de l'Inde; il se refuse à lui payer plus longtemps un impôt qu'il ne doit qu'à l'État. Il demande justice; et nous avons la certitude qu'il l'obtiendra; car nous voyons parmi les membres de la Commission les mêmes hommes qui en 1848 ont affranchi les populations sénégalaises du joug dégradant de l'esclavage. Ils ne les abandonneront pas aujourd'hui, quand elles ne réclament que l'égalité devant l'impôt, et voudront concourir à les soustraire à l'oppression non moins injuste et humiliante du monopole.

Juillet 1879.

# PIÈCES ANNEXÉES

## DÉCRET DU 19 JUILLET 1877

*(Journal officiel* du 20 juillet)

Le Président de la République française,

Vu les décrets des 24 décembre 1864, 20 juin et 28 septembre 1872, sur le régime commercial du Sénégal;

Vu l'article 18 du sénatus-consulte du 3 mai 1854;

Sur le rapport des ministres de la marine et des finances, de l'agriculture et du commerce,

DÉCRÈTE :

ARTICLE PREMIER. — Les toiles dites guinées, fabriquées en France ou dans les établissements français de l'Inde, paieront, à leur entrée à Saint-Louis (Sénégal), un droit de *quatre centimes par mètre,* lorsqu'elles auront été estampillées par le service des Douanes, en France ou à Pondichéry.

Les guinées de toute autre origine seront, en outre, assujetties à un droit supplémentaire de *huit centimes par mètre.*

ART. 2. — Ne seront admises à l'estampille que les guinées de France ou de l'Inde française pesant au moins 1 kilog. 800 par pièce et mesurant au moins 15 mètres de longueur sur 85 centimètres de largeur. L'origine devra en être établie par une attestation du fabricant certifiée exacte en France par la maire de la commune, et, dans nos possessions de l'Inde, par l'autorité locale.

ART. 3. — La forme de l'estampille sera déterminée en France par la direction générale des Douanes, et dans les établissements français de l'Inde par l'administration locale.

ART. 4. — L'expédition des guinées estampillées ne pourra avoir lieu qu'en colis revêtus du plomb de la douane française ou de la douane coloniale.

Il sera délivré pour chaque expédition : en France, un passavant; dans nos possessions de l'Inde, une attestation de l'autorité coloniale indiquant, avec les marques et les numéros des colis, l'origine des guinées, leur nombre, leur longueur et leur poids, par pièce et au total. Lorsqu'un même colis contiendra des pièces de poids ou de longueur différents, chaque catégorie devra être spécifiée séparément.

Art. 5. — L'estampillage des guinées et le plombage des colis auront lieu gratuitement.

Art. 6. — Les guinées estampillées apportées de l'Inde dans les ports de France seront placées en entrepôt réel.

Devraient également être placées en entrepôt réel, les guinées de fabrication française dont l'expédition au Sénégal n'aurait pas lieu au moment de l'apposition de l'estampille de la Douane.

Art. 7. — Le service des douanes au Sénégal s'assurera, à l'arrivée des guinées, de leur identité et de leur nationalité avant de les admettre au paiement du droit.

Les pièces de guinées qui ne rempliraient pas les conditions prescrites par les articles précédents seront considérées comme guinées d'origine étrangère.

Il en sera de même des ballots ou balles qui ne porteraient pas le plomb de la douane française ou de la douane coloniale, ou dans lesquels des pièces de guinées non estampillées seraient trouvées confondues avec des guinées estampillées.

Art. 8. — Des arrêtés du gouverneur du Sénégal, rendus en conseil d'administration, détermineront les dates d'application du présent décret pour les marchandises importées dans la colonie et déposées en entrepôt avant la promulgation dudit décret.

Néanmoins, seront affranchies des taxes nouvelles les guinées expédiées d'un port français dans les huit jours qui suivront la promulgation du présent décret en France.

Art. 9. — Provisoirement, les conditions prescrites par les articles 1 à 4 du présent décret seront remplacées, en ce qui concerne les guinées originaires de l'Inde française, qui auront été entreposées dans un port de la métropole, par la production d'un certificat délivré par le service des douanes de ce port.

Ce certificat pourra être établi, sur la demande des exportateurs, à l'aide des judifications que le service des douanes jugera nécessaires, et après avis de la Chambre de commerce ou de l'agent qu'elle aura spécialement délégué à cet effet.

Art. 10. — L'époque à laquelle les dispositions des articles 1 à 4 seront applicables aux guinées originaires de l'Inde sera déterminée ultérieurement par un décret rendu sur la proposition du ministre de la marine et des colonies.

Art. 11. — Les ministres de la marine et des colonies, des finances, de l'agriculture et du commerce, sont chargés, chacun en ce qui le concerne, de l'exécution du présent décret, qui sera inséré au *Bulletin des Lois* et au *Bulletin officiel de la marine.*

Fait à Paris, le 19 juillet 1877.

*Le Président de la République,*
Maréchal DE MAC-MAHON.

*Le Ministre de la Marine et des Colonies,*
GICQUEL DESTOUCHES.

*Le Ministre de l'Agriculture et du Commerce,*
DE MEAUX.

*Le Ministre des Finances,*
CAILLAUX.

---

# N° 1

## QUESTIONNAIRE

*adressé par le Ministère de la Marine à la Chambre de commerce du Sénégal.*

Quelles sont les causes de la décroissance dans l'importation des guinées de l'Inde et de l'extension du commerce des guinées étrangères ?

Quelles sont les causes du remplacement des guinées par l'argent comme monnaie de traite et quels effets ont-elles produits ?

Par quels moyens pourrait-on rétablir l'emploi des guinées comme monnaie de traite ?

Quelle a été l'influence du régime du décret de 1864 sur la marine marchande ?

# N° 2

## RÉPONSE

*de la Chambre de commerce de Saint-Louis.*

L'Inde ne pouvant fournir que des guinées de 2 kilog. et de 1 kilog. 750 et l'industrie étrangère nous ayant livré jusqu'à 1 kilog 100 à la coupe de 15 mètres, a pu naturellement donner à des conditions de prix qui ont rendu impossible ou à peu près nulle la vente des guinées de l'Inde.

Nous constatons que pour le commerce sénégalais il n'y a eu que désavantage dans l'introduction sur notre marché de ces guinées de poids inférieurs à 1 kilog. 750.

En effet, les guinées de 1 kilog. 100 faisant concurrence aux guinées de 1 kilog. 200 ont obligé les détenteurs à toujours vendre presque au pair pour modifier leurs approvisionnements, de telle sorte que l'industrie étrangère a exploité la folle concurrence qui nous animait, et nous a toujours forcés après un premier achat à en faire immédiatement un second pour pouvoir écouler le premier.

Nous demandons alors, dans l'intérêt de notre commerce et *pour favoriser l'industrie française de l'Inde,* à ce qu'il soit établi un droit de 20 centimes par mètre sur toutes les guinées de provenance étrangère n'atteignant pas le poids de 1 kilog. 750 par coupe de 15 mètres.

Ce droit serait exceptionnel et tout à fait indépendant du droit ordinaire de 5 0/0 sur toutes les marchandises introduites dans la colonie, et du droit proportionnel qui devra frapper les marchandises étrangères venant sur notre marché en concurrence avec les produits de notre industrie métropolitaine.

C'est en acceptant les modifications indiquées que la guinée de l'Inde de 1 kilog. 750 et de 2 kilog. deviendra, comme par le passé, la monnaie courante dans toutes nos transactions du fleuve ; mais le gouvernement devra alors renoncer à payer les laptots ou soldats dans le fleuve en numéraire et revenir au système pratiqué dès la fondation du Sénégal jusqu'à 1864.

Nous constatons encore que dans l'intérêt des laptots et des militaires dans le fleuve, il vaut mieux que le gouvernement les paie en tabac et en guinées qu'il achètera à Saint-Louis par des marchés à des conditions favorables, que de leur donner du numéraire qu'ils sont obligés de vendre contre tabac et guinée sans lesquels il leur est impossible d'acheter ce dont ils ont besoin.

La pièce guinée est toujours dans le fleuve la monnaie acceptée dans les transactions avec les indigènes.

L'introduction des guinées de 1 kilog. 100 par coupes de 15 mètres a mis un peu de trouble dans l'acceptation des types nouveaux, mais la même valeur de produits indigènes étant payée un peu plus cher que précédemment avec les types de l'Inde, la bonification acceptée de part et d'autre a remis l'harmonie dans les transactions.

C'est pour nous éviter tous les désagréments créés par les guinées de 1 kilog. 100, inconvénients qui ne nous ont donné que des pertes, que nous demandons un type pour nos transactions dans le fleuve, soit les guinées de l'Inde de 1 kilog. 750 à 2 kilog.

Les populations des deux rives du Sénégal ne peuvent s'approvisionner qu'à Saint-Louis ou dans les comptoirs établis par les maisons de commerce dans le fleuve. Aucune nation ne pouvant nous faire concurrence sur les marchés de l'intérieur, nous ne voyons aucun inconvénient et nous demandons même à ce qu'il soit établi un droit différentiel sur tous les produits de l'industrie étrangère introduits à Saint-Louis. Ce droit ne doit pas être supérieur à celui établi en France pour les mêmes articles.

Nous n'acceptons ce droit différentiel, et le droit exceptionnel sur les guinées étrangères et inférieures à 1 kilog. 750, qu'à condition que les fonds en provenant seront spécialement affectés à l'établissement d'un warf devant Guet'ndar pour décharger et charger les navires en rade, et l'érection d'un phare de premier ordre à Saint-Louis.

Si l'autorité n'accueillait pas favorablement la condition que nous mettons aux modifications du tarif que nous demandons, nous n'en persistons pas moins à solliciter ces modifications pour venir en aide à l'industrie métropolitaine.

Nous voulons le maintien du régime introduit par décret du 24 décembre 1864, et nous n'avons demandé qu'une modification du tarif douanier.

Les documents de douane attestent suffisamment le développement que la colonie a pris depuis ce régime, et si le commerce n'a pas toujours été heureux, la colonie elle-même a gagné; car les constructions sont devenues plus nombreuses, et tout autour de nous ont été défrichées des terres incultes depuis longtemps. La gomme n'a pas augmenté, c'est dans sa nature; mais l'arachide qui se cultive a partout doublé dans sa production, et nous devons à la liberté l'activité qui s'est propagée partout.

Sans le décret de 1864, il nous eût été impossible de lutter sur le marché de Marseille avec les arachides provenant des colonies anglaises. D'abord nous n'aurions pas toujours trouvé des navires français pour nous enlever nos arachides, et les aurions-nous trouvés, s'il nous avait fallu n'employer que des navires de notre pavillon, que nous aurions dû payer en moyenne 35 francs par tonneau de plus que les commerçants de la colonie anglaise qui réalisent comme nous leurs graines oléagineuses sur le marché de Marseille.

Sans le décret de 1864 donc, la culture de l'arachide ne se serait pas développée au Sénégal, et la colonie serait toujours restée ce qu'elle a toujours été depuis sa fondation : une escale de gomme.

## N° 3

*Lettre des Maisons sénégalaises de Bordeaux au Ministre de la marine.*

Bordeaux, juillet 1875.

MONSIEUR LE MINISTRE,

Le dernier courrier du Sénégal nous a porté la copie d'une réponse faite par diverses maisons de Saint-Louis au questionnaire qui leur a été soumis relativement à l'emploi des toiles bleues dites guinées comme monnaie de traite, et à l'influence du décret de 1864 sur la marine marchande. Nous n'avons pas été peu surpris de constater que nos agents à Saint-Louis, au lieu de donner leur avis personnel sur les questions posées, ont cru pouvoir y répondre en notre nom et apposer les signatures dont l'usage leur est confié pour la gestion de nos intérêts commerciaux, au bas d'un document sur lequel nous n'avons pas été consultés et dont nous sommes loin d'approuver les termes et l'esprit.

Nous sommes informés que cette pièce leur a été présentée la veille du départ du courrier vers le soir, alors qu'ils n'avaient ni le temps ni la liberté d'esprit nécessaires pour contrôler les conclusions qu'on leur demandait d'appuyer.

Les contradictions contenues dans ce document montrent bien que sa rédaction n'a été précédée d'aucune délibération ni d'une étude suffisante des questions proposées. Il trahit d'ailleurs des préoccupations tout à fait étrangères aux intérêts du commerce sénégalais.

C'est pourquoi nous croyons utile d'en répudier la responsabilité et de vous faire connaître notre avis sur les points divers que vous avez signalés.

Le questionnaire pose comme un fait acquis le remplacement des guinées par l'argent comme monnaie de traite dans le fleuve Sénégal ; il se borne à demander la cause et les effets de ce changement et le moyen d'y remédier.

Or le fait est absolument inexact.

L'argent est employé sur toute la côte d'Afrique pour le commerce des arachides ; mais dans le fleuve du Sénégal il n'a pas plus cours qu'il y a cent ans, la guinée y est toujours et n'a cessé d'être la seule monnaie acceptée dans les transactions avec les indigènes noirs ou maures.

Le type des guinées a seul changé. Voici dans quelles circonstances.

Jusqu'à la guerre d'Amérique, la guinée de Pondichéry était presque exclusivement importée au Sénégal. A cette époque, les détenteurs de cette marchandise, cédant à l'entraînement de la spéculation, en élevèrent le prix jusqu'au double de sa valeur normale. Les négociants sénégalais, voulant se soustraire à ces exigences abusives, firent fabriquer des imitations à Rouen d'abord, puis en Belgique et plus tard en Angleterre. Cette industrie une fois créée en Europe a fait des progrès rapides ; les divers fabricants, stimulés par la concurrence, se sont attachés à perfectionner leurs procédés, à abaisser leur prix de revient.

Les Belges sont arrivés à faire des guinées de qualité irréprochable ; les Anglais livrent un article de qualité inférieure, mais de belle apparence et à très bas prix.

Pendant ce temps, les filateurs indiens, au lieu de chercher à faire aussi des progrès et à tirer parti des avantages que leur assure le bon marché de la matière première et de la main-d'œuvre, sont restés immobiles, produisant toujours la même guinée d'apparence grossière et comptant, pour maintenir les prix d'autrefois, sur un privilège qui n'est plus dans nos mœurs.

Il en est résulté tout naturellement que la guinée de l'Inde a été délaissée peu à peu au Sénégal et a fini par disparaître complètement du marché.

Elle y reprendra sa place le jour où elle se vendra au prix relatif que lui assigne sa qualité par rapport aux autres sortes. Les sacrifices bien compris qu'a su s'imposer la maison Chaumel-Durin et Cie de notre ville permettent d'en faire en ce moment une expérience qui sera concluante. Saint-Louis recevra cette année de 300 à 400 balles de guinées de l'Inde; elles paraissent devoir se classer, comme prix, entre les guinées de Belgique et celles d'Angleterre.

Il est regrettable que Rouen ait abandonné l'article; elle le ferait dans des conditions au moins égales sinon meilleures que la Belgique si un industriel intelligent y établissait une teinturerie d'indigo ou se servait de celles qui existent à Lille.

La liberté de l'initiative industrielle est plus propre à régler les conditions d'existence des diverses industries que les tarifs protecteurs ou prohibitifs.

N'est-il pas au moins singulier de voir les pétitionnaires sénégalais, oublieux de leurs propres intérêts, demander au profit des filateurs de Pondichéry le rétablissement d'un monopole dont ils ont ressenti naguère les funestes effets?

Que s'ils jugent ne pouvoir se garantir des excès d'une folle concurrence qu'en sollicitant l'intervention administrative et un droit de trois francs sur une pièce de guinée anglaise dont la valeur est de sept francs, il faut avouer que c'est là un aveu bien humiliant.

La concurrence est la vie du commerce et elle est indispensable à son développement. Le rôle de l'administration n'est pas de la supprimer, mais seulement de veiller à ce qu'elle demeure loyale. Les intéressés ne doivent compter, pour se garer de ses excès, que sur leur bon sens et leur intelligence.

Nous reconnaissons avec les pétitionnaires sénégalais les bons effets du régime douanier établi par décret du 27 décembre 1864 sur le développement de la colonie, mais, plus logiques qu'eux, nous demandons le maintien pur et simple de ce régime.

Nous repoussons toute modification du tarif ayant le caractère d'une prohibition ou combinée dans le but de favoriser, à nos dépens, l'industrie d'une autre colonie.

Les produits des colonies étrangères, notamment les sésames et arachides de l'Inde, sont admis en France dans les mêmes conditions que les produits similaires du Sénégal. Nous ne pourrions soutenir leur concurrence si nous avions à supporter des charges qui nous placeraient dans des conditions moins favorables pour l'achat de ces produits.

Pour ce qui est de la marine marchande, l'influence du décret de 1864 est peu appréciable à Saint-Louis.

Les difficultés que présente la barre du Sénégal ne permettent guère d'y employer que des navires d'une construction spéciale; aussi très peu d'étrangers y viennent-ils, et seulement depuis l'abolition de la surtaxe de pavillon.

Mais il en est autrement pour nos comptoirs situés entre Gorée et Sierra-Leone. L'effectif de notre marine nationale en petits navires a considérablement diminué pour des causes que nous n'avons pas à rechercher ici, et les négociants de la côte d'Afrique auraient éprouvé parfois de sérieux embarras s'ils n'avaient pas eu la facilité de recourir aux pavillons étrangers.

Depuis l'abolition de la surtaxe de pavillon, beaucoup de navires grecs, italiens, autrichiens sont employés au transport des arachides à Marseille; ils se contentent de frets inférieurs à ceux qu'acceptent les Français.

Cependant les pétitionnaires sénégalais commettent une erreur matérielle quand ils parlent d'un écart de 35 fr. par tonneau; ils ont voulu dire 35 fr. par mille kilos d'arachides qui font deux tonneaux, soit 17 fr. 50 par tonneau, et même ramené à ces termes l'écart signalé est encore exagéré et ne dépasse guère 10 fr. par tonneau.

Vous n'ignorez pas, Monsieur le Ministre, que par suite d'une série de mauvaises récoltes et des bas prix des produits en France, le commerce sénégalais traverse en ce moment une crise pénible.

Le moment serait mal choisi pour compliquer sa situation par une modification du régime douanier et des aggravations de tarif qui ne seraient d'ailleurs conformes ni à l'équité ni aux principes libéraux qui régissent depuis dix ans notre législation coloniale.

Confiants dans votre appréciation impartiale et dans votre sollicitude pour les intérêts de notre colonie, nous vous prions d'agréer, etc.

Signé :

MAUREL et PROM. — MARC, MERLE, neveu et fils, et ROBERT. — BUHAN père, fils et A. TEISSEIRE. — H. RABAUD et JAY. — DEVÈS et G. CHAUMET. — ARMAND, GRANGES. — DELMAS et LAPORTE.

# N° 4

*Extrait de la délibération de la Chambre de commerce
de Saint-Louis, du 6 décembre 1876.*

M. Gaspard Devès, président, s'exprime ainsi : Les traitants demandent à ce que les guinées au-dessous de 1,500 grammes par coupe de 15 mètres soient frappées d'un droit prohibitif. Nous reconnaissons tous que la concurrence irréfléchie des dernières années est la cause de tous nos malheurs. La pièce de guinée étant une unité monétaire dans le désert, moins nous aurons de types de guinées, et si ces types n'ont entre eux qu'une faible différence de prix, plus régulières seront nos opérations et moins onéreuse la concurrence. Je partage donc l'opinion des traitants et j'ajoute que, si nous n'avions sur notre marché que des guinées de 1,750, 1,815 grammes à 2 kilog. que l'industrie française peut livrer sans craindre la concurrence étrangère, nos affaires ne s'en trouveraient que mieux. Le marché sénégalais nous appartient entièrement, aucun peuple européen ne peut nous le disputer; nous devons donc, lorsque surtout il y a avantage pour nous à le faire, donner aux produits nationaux des facilités pour conquérir la place qui leur appartient et que nous avons livrée sans profit pour la colonie depuis plusieurs années à la production étrangère.

Il ne s'agit pas d'un privilège, mais de n'admettre sur notre marché que des produits étrangers de même poids pour que la concurrence soit fructueuse et légitime pour nous.

Les Trarzas et une partie des Bracknas, qui ne peuvent s'approvisionner ailleurs que chez nous, sont les seuls peuples qui nous demandent des guinées de 1,500 grammes. Les Maures marchands d'or et de plumes de parure, qui peuvent s'approvisionner à Mogador et fréquentent notre place, n'en veulent à aucun prix. Dans l'intérieur et dans le marché de Ségou, vous savez que deux pièces de ces guinées représentent à peine la valeur d'une pièce de guinée de l'Inde. Nous ne porterons donc pas atteinte à la production africaine en adoptant le principe des vœux formulés par les habitants sur les guinées introduites sur notre marché.

Depuis l'introduction des guinées du poids de 1,500 grammes par coupe de 15 mètres, la concurrence a été telle que notre marché a subi des perturbations fatales à tous les intérêts. D'un côté, l'Indigène, après avoir excité une vive concurrence parmi nous, est parvenu à nous faire établir le cours d'échange sur la base des prix des guinées de 1,500 grammes et à ne lui donner que des guinées d'un poids inférieur.

Le fabricant anglais, de son côté, en nous vendant ses produits

avec une diminution graduée et calculée, nous a constamment
obligés à acheter, parce qu'il fallait toujours nous tenir au niveau
des nouveaux cours, par conséquent à liquider les premiers achats
au cours établi par ces derniers, ce qui ne pouvait se faire sans
désavantage pour nous.

L'introduction de la guinée de 1,500 grammes sur notre marché
ne profite donc qu'aux Maures et aux manufacturiers étrangers qui
nous ont assez exploités. Nous devons les faire disparaître de notre
marché, si nous voulons qu'il soit profitable à nous et à l'industrie
nationale.

M. Laporte pense qu'il ne faut favoriser aucune guinée au profit
d'une autre; qu'il faut au contraire laisser s'établir sur ce point une
concurrence qui nous sera favorable; que si nous nous bornons à
deux types, nous serons exploités par les détenteurs qui n'auront
à supporter aucune concurrence, ils trouveront moyen de nous faire
payer très cher les marchandises et il faudra en passer par leurs
conditions; par conséquent, il ne faut pas limiter les qualités et il
faut laisser à chacun sa liberté.

M. Beziat est de l'avis de M. Laporte. Il ajoute, en réponse aux
paroles de M. le Président, qu'il ne croit pas que nous ayons été
exploités par les Anglais; au contraire, il est obligé de reconnaître
que les Anglais ont trouvé le moyen de fournir une qualité de guinée
bien appréciée de tout le monde, tant des indigènes que des commerçants eux-mêmes, et qu'ils l'ont fournie à bas prix et avec de grandes
facilités de paiement; en conséquence, il n'y a pas exploitation de ce
côté. Il ajoute que le commerce est si développé aujourd'hui qu'il ne
saurait se contenter d'une ou de deux sortes de guinée seulement;
il lui faut une libre concurrence. Par ces considérations il repousse
la demande des traitants.

MM. d'Erneville, Descemet, Rancurel rejettent purement et
simplement le vœu des traitants.


# N° 5

*Lettre des Maisons sénégalaises de Bordeaux au Ministre
de la marine.*

Bordeaux, le 11 mai 1877.

MONSIEUR LE MINISTRE,

Nous sommes informés que M. le Gouverneur du Sénégal a soumis
à son Conseil d'administration une proposition tendant à écarter des
importations dans la colonie les toiles de coton bleu dites guinées,
de provenance étrangère, au moyen de droits différentiels très élevés,
et que cette proposition a été approuvée.

Si cette délibération n'a que la portée d'un vœu transmis à votre département, la lettre que vous avez bien voulu adresser à la Chambre de commerce de Bordeaux, le 26 août 1875, en réponse à une communication sur le même sujet, nous donne la confiance qu'il ne sera pris, pour le Sénégal spécialement, aucune mesure contraire aux principes de liberté commerciale qui dominent aujourd'hui le régime douanier de la France.

Mais si M. le Gouverneur du Sénégal, au lieu de se borner à créer des taxes dans un but purement fiscal, usait des pouvoirs qui lui sont conférés, pour faire des combinaisons de tarif en vue de protéger telle ou telle industrie, ce serait là une innovation des plus dangereuses, et nous espérons que vous ne l'approuveriez pas.

Notre démarche vous paraîtra peut-être un peu hâtive, Monsieur le Ministre, mais vous l'excuserez en songeant au trouble qu'une mesure aussi grave jetterait dans le commerce de la colonie, à raison des marchés à livrer importants qui sont en cours d'exécution.

Confiants dans votre haute protection, nous vous prions d'agréer, Monsieur le Ministre, les respectueuses salutations de vos très humbles serviteurs.

*(Suivent les signatures.)*


## N° 6

*Lettres des Maisons sénégalaises de Bordeaux au Ministre de la marine.*

Bordeaux, le 6 juillet 1877.

MONSIEUR LE MINISTRE,

MM. H. Rabaud et Émile Maurel nous ont rendu compte de la bienveillance avec laquelle vous avez bien voulu écouter les observations que nous les avions chargés de vous soumettre touchant les droits projetés sur les guinées étrangères introduites au Sénégal ; nous venons vous en exprimer notre vive gratitude.

Votre esprit dégagé de toute prévention a certainement apprécié le préjudice considérable que causerait à notre colonie une mesure qui n'est justifiée par aucune considération d'intérêt général.

A Saint-Louis comme à Bordeaux, les négociants sénégalais, sauf un, sont *unanimes* à considérer le maintien du régime libéral décrété en 1864 comme indispensable à l'activité et au développement de leurs affaires. Ce n'est qu'à ce prix que la colonie pourra faire face aux charges toujours croissantes de son budget, charges qui deviendront plus lourdes encore quand on aura épuisé le fonds de réserve formé dans des temps plus heureux.

Des théories vagues et paradoxales sur les excès de la concurrence, sur le rôle de la pièce de guinée comme unité de monnaie, sur la moralité des échanges, ne sauraient nous faire illusion sur la portée réelle du décret dont nous sommes menacés. Il ne s'agit pas de stimuler la production agricole du Sénégal et de favoriser ainsi le développement de son commerce, ni de créer des ressources nouvelles à la colonie, ni même de procurer un débouché à l'industrie générale de la France. Les études poursuivies depuis deux ans dans les bureaux n'ont qu'un but : c'est d'assurer à la *Société* de filature et tissage *mécanique* de Pondichéry le monopole de la vente des guinées sur le marché du Sénégal; autant vaudrait inscrire d'office au budget des dépenses de la colonie une subvention de 500,000 fr. en faveur de cette Société particulière. — Une mesure aussi contraire à l'équité froisserait l'opinion publique et ne résisterait certainement pas au contrôle des Chambres.

C'est avec une entière confiance, Monsieur le Ministre, que nous remettons notre cause entre vos mains; nous vous supplions de refuser votre signature au décret proposé ou tout au moins de prescrire de nouvelles études.

Agréez, Monsieur le Ministre, l'hommage respectueux de vos très humbles serviteurs, etc.

## N° 7

*Lettre de l'amiral Gicquel des Touches, ministre de la marine, aux Maisons sénégalaises de Bordeaux.*

Paris, le 26 juillet 1877.

MESSIEURS,

Le *Journal officiel* du 20 juillet contient le décret signé par le Président de la République le 19 du même mois, sur la triple présentation des départements de la Marine, des Finances et du Commerce, et modifiant le régime douanier du Sénégal en ce qui concerne les toiles dites guinées de l'Inde importées dans la colonie.

En prenant connaissance de cet acte, vous aurez pu constater que si des considérations d'ordre général n'ont pas permis de donner une complète satisfaction à la réclamation que vous avez présentée, il a au moins été tenu compte de vos observations dans la fixation des tarifs édictés. Je me plais donc à espérer que, tel qu'il est conçu, le décret du 19 juillet, rendu sur la demande même du Sénégal, et après l'examen le plus minutieux des intérêts en cause, produira les résultats attendus. L'avenir permettra, du reste, d'apprécier ce que pourraient avoir de fondé les appréhensions manifestées contre une mesure qui, vous voudrez bien le reconnaître, ne fait que consacrer en ce qui concerne notre colonie du Sénégal, les principes en vigueur dans la Métropole.

Recevez, Messieurs, l'assurance de ma considération distinguée.

Signé : *Le Vice-Amiral, Ministre de la marine et des colonies,*
GICQUEL DES TOUCHES.

## N° 8

*Lettre des Maisons sénégalaises de Bordeaux au Ministre
de la marine et des colonies.*

Bordeaux, 17 août 1877.

MONSIEUR LE MINISTRE,

Vous nous avez fait l'honneur de nous écrire le 26 juillet dernier, pour nous faire remarquer la modération du tarif des droits établis par le décret du 20 juillet sur les guinées étrangères introduites au Sénégal. Vous ajoutez que l'avenir permettra d'apprécier les effets de cette mesure prise *sur la demande* même *du Sénégal,* et qui n'est d'ailleurs que l'application à notre colonie des mesures en vigueur dans la métropole.

Permettez-nous de vous soumettre respectueusement quelques réflexions qui nous sont inspirées par votre lettre et par la lecture du décret du 20 juillet.

Les principes sur lesquels repose le régime douanier de la métropole diffèrent tellement de ceux qui sont en vigueur dans nos colonies, que toute assimilation paraît impossible; l'application de ces principes à un article unique ne peut être qu'un expédient passager; et le décret du 20 juillet n'a pas d'autre caractère. Toutefois, nous devons nous estimer heureux que le tarif métropolitain ait été pris pour base, puisqu'il a fait limiter le droit d'entrée sur les guinées à 8 centimes par mètre, soit environ 15 0/0 de la valeur; alors que la Société de filature et tissage de Pondichéry n'estimait pas à moins de 20 centimes par mètre le droit qui devait la protéger d'une manière efficace contre la concurrence étrangère et lui assurer le monopole des guinées au Sénégal. Nous vous remercions sincèrement d'avoir tenu compte de nos observations sur ce point.

Nous avons compris que le droit fixe de 4 centimes par mètre établi par l'article 1er du décret s'applique à toutes les guinées sans distinction de poids ou de provenance, et remplace le droit ancien de 5 0/0 *ad valorem;* nous pensons également que l'article 10 qui suspend provisoirement l'application des articles 1 à 4 aux guinées de l'Inde, ne les exonère pas de ce droit commun de 4 centimes. Quelques doutes s'étant élevés sur l'interprétation de ces articles, peut-être vous paraîtra-t-il utile d'en préciser le sens et la portée.

Depuis deux ans nous nous sommes efforcés de vous prémunir contre cette assertion que le commerce du Sénégal demandait l'établissement d'un régime de protection en faveur des guinées de l'Inde. On s'est plu à maintenir sur ce point important une équivoque qu'il importait de dissiper. Les Sénégalais eux-mêmes se sont chargés de ce soin. Dans une pétition remise à Monsieur le Gouverneur le 4 août dernier, ils repoussent avec énergie un régime qui va imposer à la colonie des charges considérables dont son budget ne profitera que dans une très faible proportion. Nous prenons la liberté de joindre à la présente un exemplaire de ce document, au bas duquel vous trouverez les *signatures de toutes les maisons de commerce de Saint-Louis*, sauf une. En vous transmettant l'original, Monsieur le Gouverneur reconnaîtra certainement que ses premières informations avaient été puisées à une source qui ne présentait pas de garanties suffisantes de sincérité et de désintéressement.

L'avenir permettra d'apprécier les effets du nouveau régime. Mais dès à présent nous sommes assurés que malgré la surcharge d'un franc vingt centimes par pièce de 15 mètres, la guinée anglaise de 1 kil. 400 demeurera accessible aux gens pauvres qui s'en contentent et qui sont les plus nombreux. — Par contre, la limite de poids de 1 kil. 800 imposée aux fabricants français les écarte absolument du marché du Sénégal. Quelques maisons de Rouen qui avaient cru tout d'abord pouvoir reprendre la fabrication des guinées, et donner aliment à une grande teinturerie d'indigo, éprouvent une amère déception en voyant qu'ils ne participent qu'en *apparence* à la protection accordée aux Indiens.

Vous ne serez donc pas surpris, Monsieur le Ministre, que tout en nous soumettant avec respect au décret du 20 juillet, nous en appelions de tous nos vœux le retrait ou du moins la modification dans un sens libéral et plus conforme au principe du régime douanier des colonies.

Agréez, Monsieur le Ministre, l'hommage de notre profond respect.

(Suivent les signatures.)

## N° 9

*Pétition adressée par les négociants et marchands de Saint-Louis à Monsieur le Gouverneur du Sénégal.*

Saint-Louis, juillet 1877.

MONSIEUR LE GOUVERNEUR,

Nous sommes informés que Monsieur le Ministre de la marine et des colonies est au moment de présenter à la signature de Monsieur le Président de la République un décret ayant pour but de frapper les guinées de Belgique et d'Angleterre introduites à Saint-Louis d'un droit de douane supplémentaire de 15 p. 0/0. Le but de cette mesure serait d'assurer aux guinées de Pondichéry une situation privilégiée sur notre marché — et cette exception unique à notre régime douanier serait justifiée par la demande des commerçants sénégalais et par cette considération que la guinée étant la monnaie en usage chez les Maures, la moralité commerciale exige qu'elle soit ramenée à un type unique et plus élevé.

. Les observations présentées par les maisons de Bordeaux paraissent avoir éveillé dans l'esprit de Monsieur le Ministre de la marine et des colonies quelques doutes sur la légitimité et sur l'opportunité de cette mesure. Nous venons vous prier de vouloir bien faire connaître à Son Excellence les inconvénients très graves et le préjudice important que notre colonie en doit éprouver.

La guinée se vend à Saint-Louis et dans sa banlieue contre argent; chaque qualité a son prix; toutes les pièces ont invariablement 15 mètres de longueur et une largeur qui varie de 0$^m$84 à 0$^m$90. Dans les escales du fleuve et dans l'intérieur, il est vrai que la guinée sert de monnaie, mais cette monnaie n'a jamais eu une valeur intrinsèque, fixe et garantie; elle est essentiellement variable, de tout temps son prix effectif contre gomme change suivant la qualité: la moralité commerciale n'a donc rien à faire dans la question et les Maures connaissent assez bien la marchandise pour se garer contre les tromperies des traitants.

L'adoption d'un type de guinée unique garanti par une estampille administrative, semblable au coin des monnaies, est chimérique et n'aurait pour effet que de tyranniser et de paralyser le commerce, sans profit pour personne; cette idée a été déjà proposée il y a trente ans environ; elle fut adoptée, mais presque aussitôt abandonnée. Mais ce ne sont là que des prétextes; quel est donc le but réel? Il ne s'agit pas de créer à la colonie des ressources nouvelles pour équilibrer son budget, ni même d'assurer des débouchés à l'industrie française, puisque Rouen ne fabrique pas de guinées et qu'il n'est pas question d'autres articles. Le but évident et même avoué est de favoriser la colonie de Pondichéry ou plutôt la Société financière qui exploite l'établissement de filature et tissage établi dans cette ville. La protection qu'elle sollicite lui permettrait d'accroître ses bénéfices sur chaque pièce de guinée de toute l'importance du droit qui serait perçu sur les guinées étrangères et de prélever ainsi à son profit sur le commerce du Sénégal un impôt annuel de plusieurs centaines de mille francs.

Une pareille mesure serait absolument contraire à l'équité. Elle porterait un coup funeste au commerce de la colonie en diminuant sensiblement les valeurs qui lui servent d'aliment. En effet l'importation des guinées de toutes provenances à Saint-Louis atteindra cette année 5 à 6,000 balles de 100 pièces. En supposant le nouveau droit de 1 fr. à 1 fr. 50 par pièce, ce serait une somme de 500 à 900,000 fr. qui serait prélevée en plus sur les cultivateurs indigènes, partie au profit du Trésor, et partie au profit des filateurs de Pondichéry. Et à mesure que la production indienne ainsi stimulée augmentera, sa part s'accroîtra au préjudice de celle du Trésor, jusqu'au moment où le monopole lui étant assuré, la somme entière lui sera acquise. Avons-nous intérêt à appauvrir ainsi notre colonie au profit d'une Société particulière? Avons-nous intérêt à favoriser la création d'un monopole, qui nous mettrait tous à la merci d'une seule maison, qui, actionnaire de la filature de Pondichéry, consignataire et chargée de la vente de ses guinées à Bordeaux, est en même temps associée à l'une des maisons les plus importantes de Saint-Louis? Comment a-t-on pu croire que nous demandions une mesure si manifestement contraire à nos intérêts?

Il y a là une méprise évidente; les observations que quelques-uns d'entre nous ont eu l'honneur de vous présenter au sujet de la concurrence excessive que favorise le bas prix de la guinée anglaise n'ont pas eu la portée qui leur a été attribuée, et jamais nous n'avons entendu demander la prohibition de ces guinées au profit exclusif des filateurs de Pondichéry.

La situation géographique de Saint-Louis, par rapport aux autres parties de la colonie qui sont sous un régime douanier différent, vient d'ailleurs compliquer la situation.

Les guinées ne sont assujetties à aucun droit de douane à Rufisque et sur toute la côte et les rivières voisines. La différence des frais de transport et d'assurance résultant des difficultés de la barre, ajoutée au droit de 15 0/0, plus celui de 5 0/0 déjà existant, établira un écart considérable entre le prix de revient de la guinée à Saint-Louis et dans les dépendances de Gorée. De ce fait une partie de nos affaires nous sera certainement enlevée, soit que les naturels se portent de préférence vers Rufisque, soit même qu'ils aillent y acheter des guinées pour les vendre en concurrence avec nous aux portes de Saint-Louis ou dans les escales du fleuve.

C'est pourquoi toutes les maisons de Saint-Louis, s'associant au vœu émis par notre Chambre de commerce, vous supplient, Monsieur le Gouverneur, de vouloir bien intercéder auprès de M. le Ministre de la marine et des colonies, pour nous assurer le maintien du régime libéral qui nous a été accordé en 1864, et qui a tant contribué au développement et à la prospérité de notre colonie.

Agréez, Monsieur le Gouverneur, les respectueuses salutations de vos très humbles serviteurs.

# N° 10

*Les Membres de la Chambre de commerce à M. le Ministre
de l'agriculture et du commerce.*

Bordeaux, le 7 septembre 1876.

Monsieur le Ministre,

Nous avons l'honneur de recevoir votre lettre du 24 octobre, par laquelle vous nous rappelez la communication du 28 juin, relative aux guinées ou toiles bleues de l'Inde.

Cette question, examinée avec soin, a donné lieu à une étude approfondie des divers intérêts en jeu, et elle présente un caractère complexe qui rendra très difficile une solution sur le point particulier qui nous est soumis.

En principe, la Chambre ne peut demander pour un article seul, tel que les guinées, un régime spécial qui, pour cette exception seulement, assimilerait les colonies à la mère-patrie.

Sous ce rapport, elle a délibéré que le régime actuel devait être maintenu pour les guinées. Mais la Chambre a entendu réserver son opinion pour le cas où la question étant élargie au lieu de ne viser qu'un article spécial, elle était consultée sur la convenance d'établir pour toutes les colonies françaises, à l'importation, un régime identique à celui qui régit la France elle-même.

Veuillez agréer, Monsieur le Ministre, l'assurance de notre considération la plus respectueuse.

*(Suivent les signatures.)*

# N° 11

*Lettre des Maisons sénégalaises de Bordeaux au Ministre
de la marine et des colonies.*

Bordeaux, 29 mai 1878.

Monsieur le Ministre,

Par votre dépêche du 29 mars dernier, vous nous avez fait l'honneur de nous informer qu'une Commission est instituée pour élaborer le projet d'établissement d'un Conseil général au Sénégal, et vous nous autorisez à faire parvenir à l'honorable M. Lasserve, sénateur, président de cette Commission, les informations propres à éclairer ses délibérations.

Votre département s'est réservé jusqu'ici la question grave et délicate du régime douanier de notre colonie et de son régime économique dans ses rapports avec la métropole; la Commission parlementaire que vous venez d'instituer n'aura donc pas à s'en occuper. Aussi prenons-nous la liberté de vous soumettre directement les inquiétudes qu'elle nous cause en ce moment.

M. le Gouverneur du Sénégal a proposé à son Conseil d'administration et a dû vous soumettre un nouveau projet de tarif douanier, qui tendrait à substituer au principe du droit unique, posé par le décret du 31 décembre 1864, celui des droits différentiels à raison de la provenance. Les droits d'entrée, qui sont actuellement de 5 0/0, seraient élevés pour la plupart des articles à 7 0/0 quand ils sont fabriqués en France, à 9 0/0 quand ils viennent de l'étranger, et s'élèveraient pour certains articles jusqu'à 15, 20 et 40 0/0; — le délai d'entrepôt fictif serait réduit d'un an à six mois; — la perception des droits ne serait plus basée sur la mercuriale, mais sur la valeur réelle des marchandises, vérifiée par la production des factures d'origine. Enfin les droits d'entrée prélevés actuellement à Saint-Louis seulement seraient étendus à tous les comptoirs disséminés dans les rivières et sur la côte jusqu'à Sierra-Leone.

Nous n'hésitons pas à déclarer que l'adoption de ce projet serait une véritable calamité pour notre colonie, et nous vous prions de vouloir bien examiner les motifs sur lesquels se fonde notre opinion.

Sans nous arrêter à constater de nouveau la perturbation que les fréquents changements de législation jettent dans les opérations commerciales, nous rappellerons que le régime libéral établi en 1864 a contribué au développement et à la prospérité de notre colonie, et l'a placée dans une situation qui lui permet de soutenir la concurrence des colonies étrangères voisines. Son application n'a d'ailleurs révélé aucun inconvénient.

Sur quels motifs peut donc s'appuyer le changement proposé?

La nécessité d'augmenter les revenus de la colonie disparaît avec les vastes projets que vous avez prescrit d'ajourner, et tout nous porte à croire que les ressources actuelles suffiront à une administration sage et prévoyante. Mais en admettant qu'une augmentation des droits de douane fût reconnue nécessaire, ne serait-il pas plus simple de la faire porter sur tous les articles, sans distinction de provenance? Dans quel but compliquer les formalités et le travail de perception?

Est-ce pour protéger l'industrie nationale et assimiler, comme on dit, la colonie à la métropole?

Il faut convenir qu'une surtaxe de 2 0/0 ne constituerait qu'une protection illusoire, puisque les frais de transport, d'assurances et de manutention s'élèvent, suivant la valeur de la marchandise, de 8 à 30 0/0. Il est vrai qu'on propose une différence de 5 0/0 sur le tabac et de 20 0/0 sur les armes, sans doute pour acclimater en France la culture du tabac et la fabrication des fusils à silex.

L'application à la colonie du tarif général métropolitain comporterait l'admission en franchise de tous les objets fabriqués en France, et l'application aux objets d'origine étrangère du droit qu'ils paient à leur entrée en France. Mais il est évident que ce système réduirait sensiblement les recettes et les supprimerait même totalement, si, la protection amenant le résultat poursuivi, les marchandises étrangères cédaient complètement la place aux françaises, et l'on serait obligé de créer de nouveaux impôts pour combler le déficit.

Mais serait-il juste, serait-il possible de faire de notre colonie un marché réservé exclusivement aux producteurs français?

Ce serait le retour au pacte colonial.

Ce système suranné formait un ensemble qui, ne pouvant être rétabli dans son entier, doit être oublié pour toujours. En effet, un privilège, une protection accordée à la marchandise française entrant au Sénégal, devrait avoir pour corollaire un traitement spécial accordé aux produits de la colonie à leur entrée en France; — et la marine marchande française, qui est une industrie tout aussi intéressante que les autres, ne serait-elle pas fondée à réclamer le privilège de transporter les marchandises que reçoit la colonie et les cent mille tonneaux de produits que tous les pavillons lui disputent entre Saint-Louis et Mellacorée?

Mais si le retour à ces privilèges est impossible, si l'on continue à recevoir en franchise les graines oléagineuses de l'Inde et des colonies anglaises et portugaises de la Gambie, de Sierra-Leone, de l'archipel des Bissagos, qui nous touchent, serait-il équitable de nous placer, pour l'achat de ces produits, dans des conditions moins favorables que nos concurrents? Dans tous les comptoirs de la côte d'Afrique les produits s'échangent contre les mêmes marchandises, c'est-à-dire le tabac en feuilles de Kentuky, les armes de Belgique et d'Angleterre, l'eau-de-vie de France, de Hollande ou d'Allemagne, les cotonnades de Rouen, de Manchester et de Gand, etc. Si un droit de douane exagéré élève le prix de ces articles dans nos comptoirs, nous nous trouverons dans l'impossibilité d'acheter aux mêmes conditions que les Anglais et les Portugais des produits qui se vendront au même prix sur les marchés français et que notre douane métropolitaine accueillera en franchise sans distinction. Ce serait la protection à l'étranger.

Le décret du 19 juillet 1877 a méconnu ces principes; c'est ce qui explique la perturbation que son application jette dans les affaires à Saint-Louis. Rendu dans un intérêt étranger à notre colonie et dans le seul but de favoriser la Société de filature et tissage mécanique de Pondichéry, ce décret frappe d'un droit supplémentaire de 1 fr. 20 par pièce de 15 mètres les guinées de Belgique et d'Angleterre, et même les *guinées de Rouen* pesant moins de 1 kilog. 800 la pièce. Ce droit supplémentaire, ajouté au droit ordinaire de 5 p. 0/0 et au droit d'octroi, forme un total de 1 fr. 70, ce qui représente pour la guinée anglaise de 1 kilog. 400 plus de 21 p. 0/0 de sa valeur. Or, cette guinée, quoi qu'on ait pu dire, est une marchandise loyale dont la qualité suffit à une certaine classe de consommateurs. Les naturels continuent à la rechercher. Mais au lieu de la prendre presque exclusivement comme autrefois à Saint-Louis, ils vont la chercher à Rufisque et en Gambie où ils l'obtiennent à meilleur marché.

Ce déplacement d'affaires était facile à prévoir. Il s'accentue de jour en jour. Il se produira pour tous les articles importants dont le prix serait surélevé par des droits exagérés.

Aussi les commerçants de Saint-Louis se sont-ils émus à juste titre des conséquences du décret du 19 juillet 1877 et du nouveau tarif projeté. Ils ont exprimé leurs doléances à M. le Gouverneur dans une pétition qui lui a été remise le 22 mars dernier et dont nous vous remettons une copie originale. Vous remarquerez que cette pétition porte les signatures de tous les négociants ou marchands patentés de Saint-Louis, sauf un ou deux, comme celle qui avait pour objet de s'opposer au décret du 19 juillet et qui malheureusement arriva trop tard.

Ce sont ces considérations, autant que la difficulté, pour ne pas dire l'impossibilité de la perception, qui ont fait renoncer aux droits d'entrée sur les marchandises dans les comptoirs de la côte, et l'ont fait remplacer par le droit de sortie sur les produits, d'une assiette si égale, d'une perception si facile et économique. Nous ne pouvons croire que l'on songe à revenir sur ces dispositions.

La *réduction du délai d'entrepôt fictif* d'un an à six mois serait pour le commerce une aggravation de charges beaucoup plus sensible que ne le croient ceux qui la proposent. En effet, les négociants importateurs se remboursent bien sur le consommateur des droits d'entrée que supportent les marchandises. Mais ils font au Trésor l'avance de ces droits pour ainsi dire à forfait, et courent les chances du retard dans la réalisation et de l'insolvabilité des acheteurs. Cette avance représente pour quelques-uns des sommes considérables qu'il faut acquitter en argent, à jour fixe. Il n'est que juste d'atténuer cette charge autant que possible, en considération du service gratuit rendu au Trésor.

Le *droit ad valorem*, équitable en principe, présente de nombreux inconvénients lorsqu'il n'est pas établi d'après des règles fixes et appliqué avec une certaine tolérance. Dans les conditions où il a été pratiqué jusqu'ici au Sénégal, il n'a soulevé aucune objection. La perception est basée sur la valeur des diverses marchandises, telle qu'elle est fixée d'avance, dans une mercuriale révisée tous les six mois par une commission composée de commerçants et du directeur de la douane. La valeur approximative, ainsi fixée, est égale pour tous, et personne n'a intérêt à faire de fausses déclarations. Mais si l'on prétend atteindre chaque article dans sa valeur absolue et descendre dans les détails, si l'on exige la production de pièces comptables pour justifier le contenu exact de chaque colis, on arrive à une véritable inquisition. On suscite la fraude. Au moyen de factures simulées, les négociants peu scrupuleux échappent à une partie du droit; les gens honnêtes seuls paient intégralement.

Le gouvernement des États-Unis a tenté vainement de percevoir avec rigueur un droit *ad valorem* sur les vins. Malgré les formalités minutieuses et les justifications auxquelles les importateurs étaient assujettis, malgré les investigations et les saisies auxquelles on a eu recours, on est arrivé à reconnaître en définitive l'impossibilité de contenir la fraude; mais les vexations, les soupçons humiliants, les saisies injustes dont ils étaient menacés, ont fini par éloigner de ce pays les importateurs scrupuleux et rendu ce commerce impossible. Sachons profiter de cette expérience et gardons-nous d'innovations dangereuses.

Nous avons donc l'espoir, Monsieur le Ministre, que vous reconnaîtrez la nécessité de maintenir le tarif douanier en vigueur et de rapporter le décret du 19 juillet 1877.

Daignez agréer, Monsieur le Ministre, les hommages respectueux de vos très humbles serviteurs.

Signé :

MAUREL et A. PROM. — F. MERLE. — P. Pon J. SENGENÈS; A. CADRÈS. — BERRÈRE. — MAUREL frères. — VÉZIA. — H. RABAUD et Ce. — J.-E. BUHAN père et fils et A. TEISSEIRE. — DEBOTAS et DAVAL. — DELMAS et LAPORTE. — DEVÈS et CHAUMET. — O. TEISSEIRE.

# Nº 12

*Pétition des Maisons sénégalaises de Bordeaux au Ministre de la marine et des colonies.*

Bordeaux, le 12 décembre 1878.

MONSIEUR LE MINISTRE,

Nous prenons la liberté de venir vous entretenir de nouveau du décret du 19 juillet 1877 qui a modifié le régime douanier des guinées à leur entrée au Sénégal et qui a assuré sur ce marché une protection exclusive aux toiles bleues venant de Pondichéry.

Ce décret, élaboré par le ministère du 16 mai, et sous l'influence de préoccupations électorales qu'il est inutile de développer ici, ce décret, disons-nous, a été promulgué malgré les résistances opiniâtres et unanimes de toutes les maisons de commerce tant du Sénégal que de Bordeaux, et depuis il n'a cessé de provoquer les protestations les plus énergiques.

Cela provient, Monsieur le Ministre, de ce que les considérations sur lesquelles on s'est appuyé alors, n'ont visé aucun des grands intérêts de la colonie. — Tout au contraire. — On a sacrifié sans pitié le Sénégal à Pondichéry — et l'on n'a pas craint de bouleverser le régime économique jusqu'alors en vigueur pour atteindre ce seul but : — assurer à la Société de filature de Pondichéry de gros bénéfices, en lui accordant au moyen de taxes différentielles le monopole des marchés de Saint-Louis.

Or, un semblable fait est non seulement contraire aux principes de liberté commerciale qui ont prévalu jusqu'à ce jour, mais encore, nous n'hésitons pas à le dire, il blesse profondément l'équité. — La loi, en effet, ne doit pas intervenir pour satisfaire des intérêts particuliers au détriment des intérêts généraux.

Nous avons chargé M. Émile Maurel, déjà délégué par nous pour présenter certains amendements au projet d'installation du Conseil général, d'appuyer auprès de vous cette nouvelle pétition. En vous énumérant les vices originels du décret du 19 juillet il vous exposera les profondes perturbations et les déplacements d'affaires que cette déplorable mesure a déjà occasionnés dans la colonie.

Connaissant votre extrême sollicitude pour les grands intérêts qui vous sont confiés, nous ne doutons pas, Monsieur le Ministre, que vous ne cédiez aux vœux unanimes de toutes les Maisons du Sénégal en faisant rapporter purement et simplement le décret du 19 juillet 1877. Vous démontrerez par là que le régime actuel répudie toutes les mesures arbitraires et se conforme au courant irrésistible de l'opinion publique.

Veuillez agréer, Monsieur le Ministre, l'expression de nos sentiments les plus respectueux.

Bordeaux. — Imp. G. GOUNOUILHOU, 11, rue Guiraude.